BEI GRIN MACHT SICH IHR WISSEN BEZAHLT

Bibliografische Information der Deutschen Nationalbibliothek:

Die Deutsche Bibliothek verzeichnet diese Publikation in der Deutschen National-
bibliografie; detaillierte bibliografische Daten sind im Internet über http://dnb.d-
nb.de/ abrufbar.

Impressum:

Copyright © 2016 GRIN Verlag, Open Publishing GmbH
Druck und Bindung: Books on Demand GmbH, Norderstedt Germany
ISBN: 9783668258211

Dieses Buch bei GRIN:

http://www.grin.com/de/e-book/335761/big-data-der-moralische-und-konfliktfreie-
umgang-mit-daten

Ina Meyer

Big Data. Der moralische und konfliktfreie Umgang mit Daten

GRIN Verlag

GRIN - Your knowledge has value

Der GRIN Verlag publiziert seit 1998 wissenschaftliche Arbeiten von Studenten, Hochschullehrern und anderen Akademikern als eBook und gedrucktes Buch. Die Verlagswebsite www.grin.com ist die ideale Plattform zur Veröffentlichung von Hausarbeiten, Abschlussarbeiten, wissenschaftlichen Aufsätzen, Dissertationen und Fachbüchern.

Besuchen Sie uns im Internet:

http://www.grin.com/

http://www.facebook.com/grincom

http://www.twitter.com/grin_com

Inhaltsverzeichnis

Einführung

„Big Data" ermöglicht es den Menschen mit höherer fachlicher Kompetenz, Entscheidungen so einfach und qualifiziert wie möglich zu treffen. Das menschliche Gehirn ist eine sehr gute Maschine, aber es ist sehr schlecht darin, aus Milliarden von aufeinander aufbauenden oder unabhängigen Faktoren und Ereignissen eine qualifizierte Entscheidung abzuleiten. Denn die linke Hirnhälfte ist nun mal langsam und rechnet sequentiell. Computer sind wiederum anders. Sie können nur mit sehr großer Mühe unabhängige visuelle und akustische Faktoren parallel zu einem inneren Bild verarbeiten, wie es das menschliche Gehirn in der rechten Hälfte tut. Dafür kann aber der Computer sehr schnell und fehlerfrei logische Ketten mit unzähligen Faktoren durchrechnen. Allein dem Computer das Treffen von qualifizierten und weitreichenden Entscheidungen zu überlassen, ist mehr als kritisch. " [4]

„Big Data" ist also die Informations- und Technologiegrundlage für die Empfehlungssysteme bzw. Entscheidungsunterstützungssysteme. Die Technologie, also das „Womit?", ist dabei vorerst nicht relevant. Zuerst stellt sich die Frage nach dem „Was?" in irgendwelchen Daten, die Sie bereits haben oder erst benötigen. Wenn man weiß, „was" man wissen will, kommt das „Wie?", das aus der analytischen bzw. generell wissenschaftlichen Perspektive heraus hilft, das „Was?" zu beantworten. Und das „Womit?" ergibt sich dann automatisch, weil technische Unterstützungen dafür benötigen werden.

Was das „Big Data" so spannend und nützlich macht, ist die Möglichkeit, die Computerfähigkeiten mit dem menschlichen Gehirn zu kombinieren. Der Computer errechnet aus Milliarden von Faktoren ein paar Entscheidungsoptionen – und das immer und immer wieder, und der Mensch trifft die finale Entscheidung mit all seiner Intuition, dem Situationsgefühl und seiner Erfahrung.

Genau dieser Punkt macht das Thema so interessant, dass es in diesem Assignment behandelt wird.

In der Ausarbeitung wird sich ausführlich mit Big Data befasst. Die offizielle Aufgabenstellung lautet folgendermaßen:

„Big Data kann Daten aus verschiedenen Quellen zusammenführen. Damit können auch Menschen, die unter Pseudonym im Internet unterwegs sind, eindeutig identifiziert werden. Welche moralischen und datenschutzrechtlichen Implikationen hat dies? Wer sind die Akteure dieses Szenarios? Welche moralische Verantwortung haben sie je-weils? Welche ethischen und sonstigen Werte vertreten diese Akteure und wo ergeben sich Konflikte? Welche Handlungsalternativen gibt es für die Betroffenen und für Anwender von Big Data, und welche Folgen hat jede? Ziel dieses Assignments ist es, Betroffenen und Benutzern von Big Data konkrete Hinweise für den richtigen Umgang mit diesem Szenario zu geben."

Auf Grundlage dieser Aufgabenstellung wird nach einer kurzen Einleitung der Begriff „Big Data" definiert und die zentralen Merkmale näher beleuchtet. Da die Merkmale vielfältig sind, wird sich nur auf die zentralen Herausforderungen beschränkt, die in der Literatur gern als die „4 V's" bezeichnet werden. Weiterhin werden nachfolgend verschiedene Sichten in Bezug auf Big Data analysiert. Dabei werden die moralische und datenschutzrechtliche Sicht zentrale Bestandteile sein. In der Datenschutzrechtlichen Sicht werden unter anderem auch die bisher geltenden Gesetzmäßigkeiten benannt. Die genauen Gesetzestexte der angegebenen Paragraphen sind im Glossar zu finden. Eine wichtige und damit nicht zu vernachlässigende Komponente sind die Akteure, die bezugnehmend auf Big Data beteiligt sind. Hier kann man eine grobe Einteilung in Datennutzer (Auftraggeber, die bestimmte Daten erhalten möchten), Datenbereitsteller (Datensammler), Datenverarbeiter (Analysten,...) und die Personen die ihre Daten bereitstellen, vornehmen. Diese werden benannt und deren Einfluss und Verantwortung näher erklärt. Weiterer Bestandteil werden auch die Werte der Akteure und die resultierenden Konflikte sein. Dabei wird auf die Motivation der Akteure zu gewissen Handlungen eingegangen und deren Folgen aufgezeigt. Auch gibt es eine Vielzahl an Werten und Konflikten, die man nicht alle behandeln kann. Es wird sich daher nur auf die offensichtlichsten und markantesten beschränkt. Da man bei vielen Handlungen auch Alternativen nutzen kann, wird dieser Punkt gesondert betrachtet. Handlungsalternativen sind dabei Aktionen die ein Akteur alternativ zu seinem eigentlichen Tun durchführen kann. Jedoch hat auch jede Alternative eine Folge, die ebenfalls dargestellt werden soll. Schlussendlich wird das Assignment mit einem Fazit enden. Hier wird ein Resümee anhand der vorherigen Darstellungen gezogen.

Allgemeines

Daten sind ein wichtiger Rohstoff der Informationswirtschaft, ähnlich wie es Kohle und Eisenerz in der industriellen Revolution waren. Aber man muss erst lernen, wie man große Datenmengen richtig verarbeitet.

Die Menge an Geschäftsdaten verdoppelt sich in immer kürzeren Zeitabschnitten. Es gibt viele Bereiche, in denen die Menge der Daten immer stärker ansteigt. Dazu zählen zum Beispiel Sendungsverfolgung, E-Mail, Web-Datenverkehr und Social Media.

Big Data kann anhand von alltäglichen Daten und deren Analyse einen Mehrwert für eine ganze Gesellschaft bieten. Abb. 1 zeigt, welche Relevanz Big Data haben kann.

Quelle: Cisco IBSG, 2012

Abb. 1: Relevanz von Big Data

„Die prominentesten Produzenten von Big Data sind soziale Medien (allein fast 900 Millionen Facebook-Mitglieder) und das mobile Internet mit seinen Verbindungsdatensätzen (call detail records) und Lokalisierungsdaten.

Daneben gibt es viele weitere Datenproduzenten wie intelligente Ablesegeräte und Sensoren bei Strom, Wasser, Verkehr und Mautdaten, Maschinen-erzeugte Daten über Verhalten und Leistung von Servern, Netzwerken und anderer Rechner-Infrastruktur, RFID-Information in der Supply Chain, Zeiterfassungssysteme und viele andere." [29]

Doch Daten erheben nur der Daten wegen, ist eine Illusion. Daten haben besonders in der Wirtschaft einen hohen Stellenwert, denn so kann man seiner Zeit voraus sein oder wenigstens besser als der Konkurrent. Daher rückt Big Data langsam aus dem Forschungskontext in die Welt der Industrie und mittelständischen Unternehmen heraus. Heute ist die Werbung nach Umsatz der größte Markt für Big Data-Dienstleistungen. Direkt danach kommt die Datenlizensierung.

Ebenso stark wie die wirtschaftliche Bedeutung ist die politische. In Deutschland verfolgt der Innenminister mit der Vorratsdatenspeicherung das Ziel nationaler Sicherheit. Informationen und Einfluss, die aus dem Datenmeer erwachsen, scheinen für Nationen existentielle Werte zu sein. Strategisch wichtige Entscheidungshilfen sind schon immer genutzt worden. So könnte man die Studien der Wirtschaftswissenschaftler und Volkszählungen bisweilen sogar als echte Vorläufer von Big Data verstehen.

Der Begriff Big Data

„Big Data" ist ein Begriff, der derzeit häufig auftaucht. Jeder spricht davon aber es macht den Anschein, dass nicht gewusst wird von was man im Konkreten spricht.

Sucht man nach einer Definition, findet man viele verschiedene Texte dazu. IBM hat sich auf folgende Definition geeinigt: *„Big data allows a more complete picture of customers' preferences and demands; through this deeper understanding, organizations of all types are finding new ways to engage with existing and potential customers."* [1] Der VDZ definiert es pragmatisch. *„Es handelt sich immer um Big Data, wenn ein einzelner Computer nicht mehr in der Lage ist, die zur Verfügung stehenden Daten in einer annehmbaren Zeit zu verarbeiten."* [2] Wikipedia schreibt dazu: *„Big Data ['bɪɡ 'deɪtə] (von englisch big „groß" und data „Daten") bezeichnet Daten-Mengen, die zu groß, oder zu komplex sind, oder sich zu schnell ändern, um sie mit händischen und klassischen Methoden der Datenverarbeitung auszuwerten. Der Begriff "Big Data" unterliegt als Schlagwort derzeit einem kontinuierlichen Wandel; so wird mit Big Data ergänzend auch oft der Komplex der Technologien beschrieben, die zum Sammeln und Auswerten dieser Datenmengen verwendet werden."* [3]

Der Begriff „Big Data" steht für große Datenmengen, die über das Internet oder anderweitig gesammelt, verfügbar gemacht und ausgewertet werden. Viele der Daten sind personenbezogen. Sie lassen sich, herausgelöst aus den ursprünglichen Erhebungskontexten zu beliebigen Zwecken nutzen. „Big Data" eröffnet neue Chancen für neue soziale, ökonomische, wissenschaftliche Erkenntnisse, die dazu beitragen können, die Lebensverhältnisse zu verbessern. Dies bringt aber auch Risiken mit sich, da die Möglichkeiten des informationellen Machtmissbrauchs durch Manipulation, Diskriminierung und Unterdrückung bestehen. Werden große Mengen von Daten durch private oder öffentliche Stellen zusammengeführt, so kann deren informationelle Ausbeutung zu massiver Verletzung informationeller Grundrechte der Menschen und damit zur Gefährdung ihrer Freiheitsrechte führen. Alles wäre mit allem kombinier- und dann auswertbar. Der Zugriff und die Nutzung auf die von den Menschen alltäglich generierten Daten müssen nach legitimierten Regeln erfolgen. Zugleich müssen Regeln der Datentransparenz abgeleitet, festgelegt und umgesetzt werden.

Gemeint ist mit Big Data also die Analyse großer Datenmengen in hoher Geschwindigkeit, mit dem Ziel, diese (häufig wirtschaftlich) nutzbar zu machen. Die Daten stammen dabei oft aus verschiedenen Quellen und sind unstrukturiert, d.h. liegen in unterschiedlichen Formaten vor. Die hohe Geschwindigkeit erlaubt Echtzeit-Berechnungen und immer genauere Hochrechnungen und Vorhersagen sowie das Erkennen von neuen Zusammenhängen, Mustern und Bedeutungen.

Big Data bezeichnet im Gegensatz zu Open Data nicht Daten, die für die Öffentlichkeit von allgemeingültigem Interesse sind, sondern personenbezogene Daten. Das sind Daten, die auf eine spezifische identifizierbare Person zurückzuführen sind. Big-Data-Mining folgt dabei vorwiegend privatwirtschaftlichen Interessen. Innerhalb dieser Ausarbeitung werde ich vorrangig von „Daten" sprechen, wobei ich in diesem Fall, wo es sich um Big Data handelt, personenbezogene Daten meine.

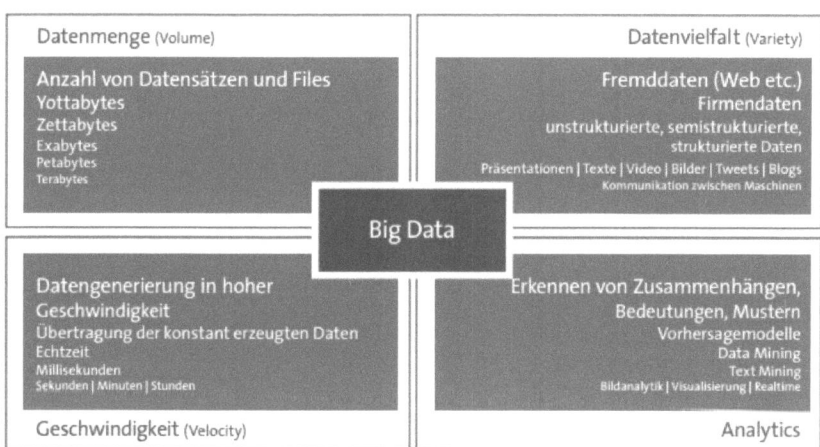

Abb. 2 Merkmale von BigData

Das Thema Big Data befasst sich eigentlich mit einigen Herausforderungen die in Abb. 1 dargestellt sind:

1. Die Datenmenge: Das relevante Datenvolumen steigt weiter drastisch an. Mittlerweile werden Datenmengen im Terabyte-Bereich analysiert, in Kürze dürften Petabyte und Exabyte auf der Agenda stehen.
2. Die Geschwindigkeit: Analysen der gewaltigen Datenmengen sollten idealerweise in Echtzeit zur Verfügung stehen. Denn die Unternehmen stehen vor der Aufgabe, dass sie zeitnah auf Marktänderungen reagieren müssen.

3. Die mangelnde Struktur (Datenvielfalt): Die Analysen müssen immer häufig Datenquellen mit kaum strukturierten Beständen berücksichtigen. Das heißt: die Komplexität der Datenanalysen steigt. Neben den bekannten Datenquellen, etwa den vorhandenen ERP-Systemen, kommen neue hinzu. Dazu zählen Daten aus M-to-M-Applikationen, also beispielsweise Sensordaten, Daten aus On-Board-Systemen, RFID-Daten aus der Logistikkette, aber auch Daten aus Webblogs und Social-Media-Plattformen etc.

4. Die wachsende Anwenderzahl: Die potenziellen internen und externen User werden immer mehr. Sie kommen beispielsweise über Self-Service-Portale, die im Web zugänglich sind.

5. „Verstehen" der Daten: Wenn man ohne große Methodenkenntnisse Daten in Analysesysteme gibt, wird schnell merken, dass die Ergebnisse weder schlüssig, nachvollziehbar oder sogar instabil sind. Es müssen also geeignete Analysemethoden gefunden werden.

In der Literatur werden die Punkte Datenmenge, Geschwindigkeit, Vielfalt und Richtigkeit unter dem Begriff „The four V's of Big Data" beschrieben. Abb. 2 stellt die Beziehung dieser 4 Merkmale dar. Da das Bild sehr groß ist, kann man in der Abbildung nur die zentralen Punkte erkennen. Im Abbildungsverzeichnis kann man dem Link zum original Bild folgen.

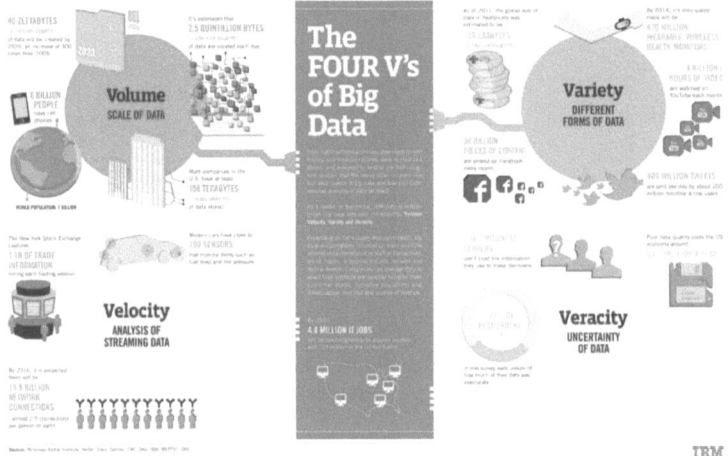

Abb. 3: The four V's of Big Data

Zusammenfassend komme ich damit zu folgender Definition:

„Big Data" beschäftigt sich mit dem Sammeln von Daten und der Gewinnung wertvoller und nützlicher Informationen aus diesen Daten. Und auch mit der Findung und Schaffung sowie Nutzung von weiteren bzw. neuen Datenquellen, um noch mehr nützliche Informationen daraus zu gewinnen. Dabei können die Daten in beliebiger Form und Menge vorliegen.

Moralische Sicht

Daten werden schon seit vielen Daten gesammelt. Mit Big Data werden sie nun auch vernetzt und das macht einen großen Unterschied. Viel mehr Daten entstehen und können durch ihre Korrelation messbare aber auch unmessbare Zusammenhänge erzeugen.

Je lockerer und offener mit öffentlichen Daten umgegangen wird, umso mehr rutscht man auch in den Bereich der privaten Daten, da zwischen öffentlich und privat immer weniger klar differenziert werden kann. Facebook zum Beispiel zeigt dies sehr deutlich. Jeden Tag sendet die Menschheit zehn Milliarden Text-Botschaften und eine Million Posts in sozialen Netzwerken oder Blogs. Mit Milliarden Mobilfunkverträgen weltweit lässt sich so gut wie jeder Mensch via Mobiltelefon orten. Neben Handys und Web-Applikationen sammeln auch Autos, Händler mit Bonusprogrammen, medizinische Geräte etc. Daten.

Die Sammlung und Verwendung von Daten im Umfeld von Big Data schürt Diskussionen um Privatsphäre und Öffentlichkeit. Die Tatsache, dass die Datenmenge persönlicher Daten stetig wächst, aber es noch keine klaren ethischen, rechtlichen und moralischen Richtlinien gibt, wie mit diesen Daten umgegangen werden soll, entfacht die Diskussionen immer wieder neu. Inhalte werden aus dem Kontext gerissen und mit dem Label „Daten" versehen. Nicht alles, was technisch möglich ist, wird kulturell akzeptiert.

Mark Zuckerberg, der Begründer von Facebook, legte schon vor über zwei Jahren die Strategie von Facebook offen, indem er verkündete, dass das Zeitalter der Privatsphäre vorbei sei. Facebook sammelt, für jeden offensichtlich, alle nur erdenklichen Daten über seine Nutzer. Facebook-Nutzer nehmen diese Tatsache hin, weil der persönliche Nutzen die Bedenken weitgehend übertrifft. Alte Bekannte wiederfinden, mit Freunden in Kontakt bleiben, sich selbst darstellen, vom letzten Urlaub erzählen, sind Punkte, die User von Facebook gerne und viel nutzen und das meist unter der „wahren" Identität. Jedoch sind viele der aktiven Nutzer Fakes oder Duplikate. Big Data hat wenig Sinn ohne authentische Bezüge.

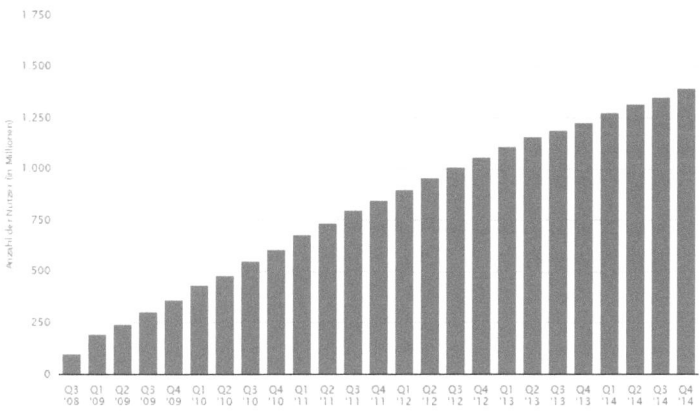

Abb. 4: Anzahl der monatlich aktiven Facebook-Mitglieder weltweit

7

Smartphones und Apps sind heute allgegenwärtig und sie sind unter anderem auch eine der besten Datensammler. Damit sind wir auf dem besten Wege zu einem quantifizierten Menschen, der sein Verhalten über Self-Tracking und Feedbackschleifen kontrollieren und korrigieren kann. Ganz klar steht bei deren Verwendung der persönliche Nutzen und Spaß im Vordergrund, denn Onlinespiele sind zum Beispiel die perfekten Datengeneratoren.

„Auch private Unternehmen wie Google oder Facebook sammeln die Daten ihrer Nutzer – für Juli Zeh ist das aber etwas grundsätzlich anderes als die staatliche Datennutzung: "Vielleicht wissen die mehr über uns als der Verfassungsschutz, aber man muss unterscheiden – nicht Google fährt im Zweifel mit einem Auto vor und verhaftet einen. Sondern der Staat." [5]

Doch ab und an kann sich ein privatwirtschaftlicher Datensammler als Komplize des Staates erweisen und zwar genau dann, wenn dadurch illegale Handlungen publik werden. Dieses Szenario ist auch bereits eingetreten. So konnten Polizisten vor einigen Jahren einen Mann verhaften, der via Chat ein minderjähriges Mädchen zu illegalen Sachen verleiten wollte. Der Chatbetreiber konnte dies aufgrund des Chatprotokolls nachweisen.

Letztlich stehen sich immer zwei Seiten gegenüber.

Die Verfechter kommen vor allem aus dem juristischen und staatlichen Bereich. Auch einige Massenmedien gerieren sich gerne als Verteidiger von persönlicher Freiheit und Datensparsamkeit. So werden von der Regierung weltweit gültige Datenschutzgesetze gefordert, die auf die Agenda der UNO gesetzt werden sollen. Im Nachhinein wird nun versucht, dem Netz, in dem Datenströme längst frei fließen, Wege und Richtungen vorzugeben.

Die fleißig und massenhaft über Social Media gesammelten Daten sind jedoch besonders wertvoll für die Befürworter und das sind vorrangig Unternehmen. Doch meist wissen diese noch gar nicht, wie sie sinnvoll und effektiv mit den Big-Data-Mengen umgehen sollen.

Die komplette, durchgängige Vernetzung und die Möglichkeiten zur Datensammlung und -analyse durch die Informationstechnologien führten zwangsläufig zu einer Überwachungsgesellschaft und zum Ende der Privatsphäre.

Privatsphäre ist keine Selbstverständlichkeit mehr, die rechtlich abgesichert ist, sondern sie muss aktiv erzeugt und erhalten werden. Global gültige Datenschutzgesetze sind ein Wunsch, der sich aber nur schwer umsetzen lässt, denn zu sehr bestimmen wirtschaftliche Interessen das Geschehen und zu unterschiedlich ist die Rechtslage der einzelnen Nationen. Der Begriff der „informationellen Selbstbestimmung" bedeutet in diesem Zusammenhang nicht mehr „Zurückhalten der Daten" sondern „verantwortungsbewussten Selbstkontrolle der personenbezogenen Daten".

Letzten Endes bedeutet das, dass jeder selbst Verantwortung für sein Tun und Handeln übernehmen muss und sich der Folgen bewusst ist.

Datenschutzrechtliche Sicht

Das geltende Datenschutzrecht von 1983 stammt im Wesentlichen aus der Zeit vor dem Internet und wird den heutigen technischen Möglichkeiten nicht mehr im vollen Umfang gerecht. Die EU steht kurz vor der Entscheidung über eine Datenschutzverordnung, die einen einheitlichen Standard setzen soll. Sie regelt vor allem den Umgang von Unternehmen mit den Daten ihrer Kunden. Im Entwurf vorgesehene Elemente sind eine verschärfte Rechenschaftspflicht der Unternehmen, das Recht auf Datenportabilität und das Recht auf Vergessen werden. Der Skandal über die umfangreiche Ausforschung persönlicher Daten durch die Geheimdienste der USA und Großbritanniens hat im Sommer 2013 die Diskussion um Datenschutz und Big Data belebt.

„Erste öffentliche Auseinandersetzungen zeigen, dass die Akzeptanz der Öffentlichkeit für Big-Data-Anwendungen nicht zu erreichen ist, wenn sich der Eindruck ergibt, hiermit erfolge eine Entmündigung oder gar eine Diskriminierung von Einzelpersonen oder Gruppen. So musste O2 seine Planungen zurückziehen, die Standortdaten der Mobilgeräte seiner Kundschaft für Marketingzwecke zu monetarisieren. Nachdem bekannt wurde, dass das Hasso-Plattner-Institut im Auftrag der Schufa Daten aus sozialen Netzwerken auswerten möchte, um Rückschlüsse auf die Bonität zu ziehen, war der drohende öffentliche Ansehensverlust so groß, dass das Projekt wieder aufgegeben wurde. Und der niederländische Navigationsgeräteanbieter TomTom hatte ein gewaltiges Imageproblem, als bekannt wurde, dass das Unternehmen anonymisierte Verkehrsbewegungsdaten an die Polizei verkaufte, damit diese ihre Geschwindigkeits- oder sonstigen Verkehrskontrollen effektivieren konnte." [6]

Nach § 4 Bundesdatenschutzgesetz (BDSG) ist die Erhebung, Verarbeitung und Nutzung personenbezogener Daten nur zulässig, wenn der Betroffene eingewilligt hat oder eine andere Rechtsvorschrift die jeweilige Datenverwendung auch ohne entsprechende Einwilligung legitimiert (sog. Verbot mit Erlaubnisvorbehalt).

Soweit also keine personenbezogenen Daten im Sinne des § 3 Abs.1 BDSG, also keine Informationen betroffen sind, die einer bestimmten oder bestimmbaren natürlichen Person zuzuordnen sind, greift das Bundesdatenschutzgesetz überhaupt nicht ein.

Nach dem BDSG sind tatsächlich nur Daten geschützt, die einen Personenbezug im Sinne des § 3 Abs.1 BDSG aufweisen.

Daher ist es durchaus möglich durch eine Anonymisierung oder Pseudonymisierung, Daten so zu modifizieren, dass die jeweilige Nutzung zulässig ist bzw. wird. Bei der Anonymisierung werden alle Informationen aus den zu speichernden Daten dauerhaft entfernt, die zur Identifizierung der dahinter stehenden Person notwendig sind, was die weitere Verwertung zulässig werden lassen kann. Beim Pseudonymisieren hingegen wird der Name andere Identifikationsmerkmale durch ein Kennzeichen ersetzt um die Bestimmung des Betroffenen auszuschließen oder wesentlich zu erschweren. Wenn Daten also hinreichend anonymisiert werden, steht das BDSG auch der Auswertung von Big Data eigentlich nichts mehr im Weg. Möglichkeiten der De-Anonymisierung müssen dabei ausgeschlossen werden.

Die Verarbeitung personenbezogener Daten ist immer dann zulässig, wenn der Betroffene gemäß § 4a BDSG eingewilligt hat.

Es braucht also eine hinreichende Aufklärung, wie welche Daten gespeichert und verarbeitet werden. Die Datenverarbeitung ist unzulässig, wenn der Betroffene nicht vor der Verarbeitung zugestimmt hat. Wenn die Erteilung nicht für das Rechtsgeschäft zwingend erforderlich ist, genügt aus datenschutzrechtlicher Sicht eine Opt-out-Klausel, sonst bedarf es einer aktiven Zustimmungshandlung (Opt-In).

Bei der geschäftsmäßigen Verarbeitung von Big Data stellt § 29 Abs.1 Satz 1 Nr.2 BDSG eine weitere mögliche Erlaubnisnorm dar.

Diese Vorschrift geht von dem Grundsatz aus, dass es demjenigen, der sich aus allgemein zugänglichen Quellen informieren darf, auch grundsätzlich gestattet sein muss, die dort zugänglichen Daten zu speichern. Wenn also öffentlich zugängliche Informationen als Datenbasis des jeweiligen Big Data Ansatzes dienen, ist die Erhebung zulässig, soweit der entsprechenden Verarbeitung nicht offensichtliche Interessen des Betroffenen entgegenstehen. Das hängt aber schlussendlich von der "Sensibilität" der Daten ab.

Bei der datenschutzrechtlichen Prüfung ist zu beachten, dass als Grundlage für die Erhebung, über die notwendige Speicherung und Verarbeitung bis hin zu einer etwaigen Weitergabe eine gesetzliche Vorschrift aus dem BDSG existiert, die die Datenverwendung legitimiert.

Da bei Big Data Projekten aber in der Regel nicht Informationen einzelner Personen sind sondern allgemeinere Erkenntnisse, werden meist bei jedem der Datenverarbeitungsschritte Anonymisierungen durchgeführt.

Auf dieser Grundlage und aus den vorangegangenen Ausführungen wird deutlich, dass man Big Data durchaus auch im Einklang mit deutschem Datenschutzrecht organisieren und durchführen kann.

Weiterhin muss man aber auch zugeben, dass Nutzer der sozialen Netzwerke sehr unüberlegt mit ihren eigenen Daten umgehen, da trotz Einstellmöglichkeiten der Privatsphäre in Facebook und Co. Viele Daten doch öffentlich zur Verfügung gestellt werden. Dabei sind sich viele des Wertes ihrer Daten durchaus bewusst. Abb. 4 zeigt, dass Daten, die für einen gewissen Verwendungszweck genutzt werden, durchaus von den Betroffenen zur Verfügung gestellt werden würden.

Abb. 5: Umfrage zur Verwendung von erhobenen persönlichen Daten im Big-Data-Kontext

Zusammenfassend stelle ich fest, dass Big Data nicht gezwungenermaßen auch ein datenschutzrechtliches Problem darstellen muss. Es spielt zum einen eine wichtige Rolle, welche Daten erhoben und verarbeitet werden und ob diese Daten anonymisiert wurden oder nicht.

„Big Data und Datenschutz schließen einander nicht aus. Allerdings wurde dem europäischen Datenschutzrecht in der Diskussion um die technischen und wirtschaftlichen Möglichkeiten von Big Data bislang zu wenig Beachtung geschenkt." [11]

In den sozialen Netzwerken sehe ich aber weiterhin Probleme, da unterschiedliche Gesetzmäßigkeiten in den Ländern und die Bereitschaft zur Veröffentlichung persönlicher Daten die Problematik mit dem Datenschutz verschärfen. Hier sind also nicht nur Juristen und die Länder in der Pflicht. Auch jeder einzelne kann durch geeignete Maßnahmen wie Datensparsamkeit (Welche Infos sind wirklich notwendig, um den gewünschten Dienst zu benutzen? Könnten die Informationen, die ich ins Netz gestellt habe, mir später unangenehm werden, wenn sie zum Beispiel mein Arbeitgeber sieht oder andere offizielle Stellen? Könnten mir handfeste Nachteile dadurch erwachsen?), Einstellungen der Privatsphäre (Wer kann die Informationen sehen? Welche Zugangskontrollen gibt es?) und Kontrolle der Weiterverarbeitung (Wie werden meine Daten weiter verwendet? Welche Rechte nehmen sich die Anbieter heraus?) die Veröffentlichung und Nutzung der persönlichen Daten im Big-Data-Kontext kontrollieren.

Die Akteure

In diesem Kapitel werden im Bereich Allgemeines die Akteure spezifiziert, die bei Big Data relevant sind. Des Weiteren werden in den Folgekapiteln die Verantwortung dieser Beteiligten näher beschrieben und die Werte näher erläutert, die die Akteure vertreten. Die dadurch entstehenden Konflikte werden im letzten Teilbereich diskutiert werden.

Allgemeines

Während bisher die Prozesse der Datenaufbereitung, -analyse und -verwendung vor allem unternehmensinterne Aktivitäten waren, zeichnen sich durch Big Data bereits Konturen eines Wertschöpfungsnetzwerks mit spezialisierten Akteuren ab. Unternehmen in diesem Wertschöpfungsnetzwerk etablieren Wettbewerbsvorteile durch Spezialisierung auf zentrale Kernkompetenzen und bilden mit anderen Dienstleistern Wertschöpfungsketten. Dabei können zentrale Rollen identifiziert werden.

Datensammler

Datensammler sind Akteure, die sich auf die Sammlung von Daten fokussieren und entsprechende Kontrolle über den Zugang solcher Daten etablieren können. Oftmals nutzen Datensammler ihre Daten auch für eigene Zwecke, stellen sie aber darüber hinaus anderen Akteuren im Wertschöpfungsnetzwerk zur Verfügung. Dabei muss ein Datensammler nicht zwingend eine physische Person sein. Es kann sich dabei auch um ein Unternehmen, ein Gerät, ein Dienst, ein Programm oder ein Skript handeln, dass Daten ausliest und an Speichervarianten, wie eine Datenbank weitergibt. „Alleine Google sammelt pro Tag etwa 24 Petabyte an Daten. Facebook erhält pro Stunde über zehn Millionen neue Fotos, auf Youtube werden pro Sekunde eine Stunde Videos hochgeladen. Die Daten können dazu verwendet werden, die politische Gesinnung, religiöse Neigung oder sexuelle Ausrichtung zu bestimmen." [15]

Ein Service wären beispielsweise Trackingdienste, die das Nutzerverhalten auf einer Webseite bzw. im Internet allgemein aufzeichnen und auswerten. Nutzer wissen oftmals nicht, dass überhaupt Trackingdienste eingesetzt werden. Abbildung 6 zeigt, welche Webseiten Trackingdienste nutzen und in welchem Umfang.

Eine weitere Möglichkeit bieten Cookies. Dies sind kleine Dateien, die beim Besuch einer Website im Internet auf der Festplatte des Besuchers abgelegt werden. Das Cookie dient vor allem dazu, die einzelnen Besucher voneinander zu unterscheiden und bei einem erneuten Besuch der Webseite auch wiederzuerkennen. Die Cookies können den Betreibern einer Website aber auch mitteilen, welche Angebote der Website ein Besucher nutzt, wie häufig er das tut oder auch wie lange. Außerdem können nicht nur Cookie-Dateien des Website-Betreibers auf der Festplatte des Nutzers gespeichert werden, sondern auch Cookies von dessen Werbepartnern. Datensammler bedienen sich aber auch an den Technologien der Informationsbeschaffung zum Beispiel mit Hilfe von *„Roboter (Robot, Web Crawler, Spider etc.). Das sind Programme, die ausgehend von einer großen Zahl von Startadressen im Web die Links innerhalb der Dokumente rekursiv verfolgen."* [13]

Auch mittels Softwareagenten können eine Vielzahl an ausgewählten Informationen unterschiedlichster Art gesammelt werden. „Unter der Bezeichnung Softwareagenten durchforsten kleine Programme das Internet, um im Informationswirrwarr genau das herauszufiltern, was der jeweilige Benutzer zur Vorgabe gemacht hat." [14]

Natürlich gibt es weitaus mehr Möglichkeiten, Daten zu sammeln.

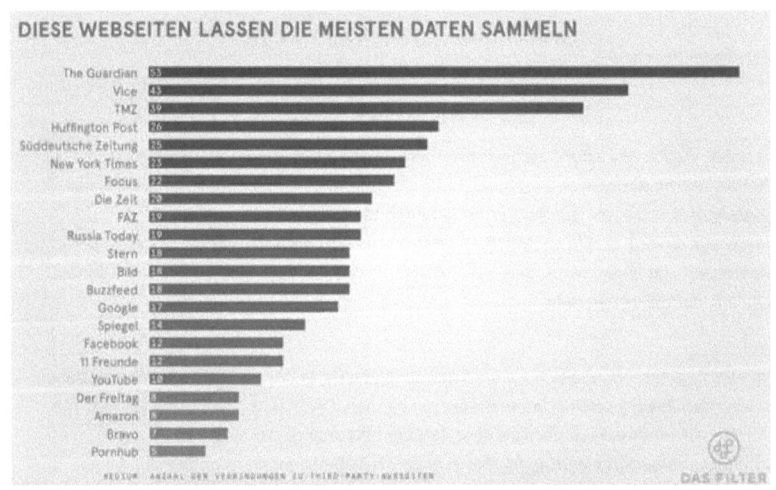

Abb. 6: Webseiten, die Trackingdienste nutzen

Technologiehersteller

Technologiehersteller arbeiten direkt am Markt, denn sie stellen die notwendige Hardware und Software bereit. Zum Teil stellen sie auch entsprechende Methoden und Verfahren zur Aufbereitung, Integration und Analyse zur Verfügung. Ein wesentliches Merkmal von Technologieherstellern ist, dass sie standardisierte Produkte und Dienstleistungen anbieten.

Spezialisten

Spezialisten hingegen sind Dienstleister, die ihre Kompetenzen in der kundenspezifischen Datenaufbereitung, - integration, und -analyse zu ihrem Alleinstellungsmerkmal ausgebaut haben bzw. ausbauen. Im Allgemeinen haben Analysespezialisten keine eigenen Daten, sondern bieten ihre Kompetenzen anderen Marktakteuren, z. B. Datensammlern, an.

Datenaggregateure

Datenaggregateure sind auch auf dem Markt zu finden und fokussieren sich auf die Bereitstellung bestimmter Datenanalysen für den Massenmarkt. Ein Beispiel hierfür sind Anbieter von Verkehrsinformationen in Echtzeit, die unterschiedliche Datenquellen (Smartphones, Kartendaten, offizielle Verkehrsinformationen) aggregieren und diese als Dienstleistung anbieten.

Datenwissenschaftler

Es gibt für die verschiedenen Anwendungsgebiete von Big Data keine Pauschallösungen. Daher ist es wichtig, ein großes Repertoire an Werkzeugen, einige Programmiersprachen und Plattformen zu kennen. Dies ist eine Aufgabe der Datenwissenschaftler oder Data Scientists. Wesentliche Funktion eines Datenwissenschaftlers ist es, Daten aller Arten und ihre Strukturen zu erforschen. Dabei geht es vor allem darum, durch eine Strukturierung großer Datenmengen Analysen zu ermöglichen. Datenquellen müssen identifiziert und mit anderen kombiniert werden, zudem müssen eventuell unvollständige Datenquellen ergänzt werden.

Der Datenwissenschaftler muss durch eine intensive Analyse und Verknüpfung der Daten neue Fragen aufzeigen können, die zuvor nicht gestellt werden konnten oder zu beantworten waren.

Eine weitere wichtige Fähigkeit ist das assoziative und abstrahierende Denken, wenn es darum gehen soll, fruchtbare Analogien zwischen neu entdeckten Schemata oder Systemen und bereits wissenschaftlich belegten Konzepten zu bilden.

Datennutzer

Datennutzer haben die Wertschöpfungspotenziale von bestimmten Daten erkannt und nutzen diese für die Entwicklung neuer Dienstleistungen oder Produkte. In der Rolle des Datennutzers hat man also eine Idee für die Nutzung von Daten, ohne notwendigerweise die Daten bzw. die Fähigkeiten zur Nutzung der Daten zu besitzen.

Personen, die die Daten „bereitstellen"

Die Personen, deren Daten gesammelt, gespeichert und verarbeitet werden, sind natürlich ebenfalls Akteure des Szenarios. Dabei können sie selbst aktiv und passiv ihre Daten zur Verfügung stellen. Die aktive Variante wäre die direkte Eingabe der Daten. Damit weiß die Person, welche Daten sie weitergibt, ohne nochmals recherchieren zu müssen. Im passiven Fall werden Daten einfach übermittelt. Man kann sich zwar darüber informieren, welche Daten bei dem betreffenden Vorgang übermittelt werden, aber bei der Übertragung bestätigt man dies nicht zwingen explizit.

Daten-Infomediäre

Daten-Infomediäre oder auch Datenvermittler sollen als Hüter der Privatsphäre die persönlichen Daten geneigter Surfer verwalten. Sie treten als Datenhändler zwischen Unternehmen und Konsumenten auf. Der Vorteil für den Verbraucher ist, dass er sich jederzeit anonym durch das Web bewegen und auf Wunsch interessierten Firmen oder Webseiten-Betreibern persönliche Vorlieben oder Adressinformationen mitteilen kann. Von Datenvermittlern profitieren alle Seiten. Damit soll dem Nutzer wieder die Hoheit über sein virtuelles Profil verschafft werden. Unternehmen oder auch Werbeagenturen müssen stets mit den Infomediären verhandeln. Vorteil für sie ist jedoch, sie nur von denjenigen Benutzern persönliche Daten bekommen, die sich wirklich für ihr Produkt interessieren. Dafür wird dann eine Gebühr fällig, von der sogar die Anwender selbst profitieren könnten. Die Infomediäre garantieren ihren Kunden mit Hilfe spezieller Software und Verschlüsselungstechniken ein sicheres Surfen im Internet soweit und solange sie es wollen.

„Die Rolle des Daten-Infomediärs kann von verschiedenen Akteuren übernommen werden, z. B. von Service Providern, IT-Unternehmen, Banken, Unternehmen, Web 2.0-Unternehmen, staatlich geförderten Agenturen oder neuen Start-Ups. Die Fähigkeit dieser Akteure, die oben genannten Probleme gemeinsam zu lösen, bestimmt den zukünftigen Erfolg oder Misserfolg von Big Data." [12]

Abb.7: Rolle der Daten-Infomediäre

Broker

Broker sind Intermediäre, die sich darauf spezialisiert haben, zwischen den verschiedenen Akteuren zu vermitteln und temporäre Wertschöpfungsketten zu etablieren.

„Dessen Aufgaben umfassen typischerweise die Beratung des Unternehmens bei der Informationsbeschaffung. Hier ist es in neuerer Zeit besonders wichtig geworden, die Unternehmen

bei der Nutzung externer Online-Datenbanken zu unterstützen, um eine gezielte Informationsversorgung sicherzustellen. Hinsichtlich der Inhalte, der Kosten der Recherche, der technischen Zugriffsmöglichkeiten und Abfragesprachen werfen diese Fragen auf, die nur von Fachleuten – eben den Information-Brokern – beantwortet werden können." [16]

Regulatoren

Regulatoren sind Akteure im Markt, die sich darauf spezialisieren, regulatorische Prämissen wie beispielsweise Datenschutz, Datensicherheit und Qualität etwa im Namen von Datennutzern zu prüfen und zu zertifizieren. Regulatoren können dabei öffentliche Institutionen auf nationaler und internationaler Ebene wie auch private Organisationen sein.

Datenschutzbeauftragter

Der Datenschutzbeauftragte eines Unternehmens sorgt im Auftrag der Unternehmensführung für die gesetzeskonforme Umsetzung des personenbezogenen Datenschutzes in der Firma. Das heißt, er schult die Mitarbeiter im Umgang mit Kundendaten, steht bei Anfragen als Ansprechpartner zur Verfügung und prüft im Vorfeld der Einführung neuer Geschäftsprozesse deren datenschutzrechtliche Relevanz und korrekte Umsetzung. Ebenfalls führt er eine Übersicht über die eingesetzten Verfahren.

„Der betriebliche Beauftragte für den Datenschutz dient der Umsetzung des Datenschutzes im Unternehmen (§§4f und 4g BDSG). Er ist in der Regel zu bestellen, wenn mehr als neun Arbeitnehmer mit der Datenverarbeitung betraut sind. Er muss über die entsprechende Fachkunde und Zuverlässigkeit für die Kontrollaufgabe verfügen. Seine Aufgaben sind in §4g BDSG vorgegeben und seine Bestellung kann nur bei Vorliegen eines wichtigen Grundes widerrufen werden." [17]

Eine besondere Stellung nehmen die Datenschutzbeauftragten des Bundes und der Länder ein. Der Bundesbeauftragte für den Datenschutz und die Informationsfreiheit ist für die Erhebung, Verarbeitung oder Nutzung personenbezogener Daten durch öffentliche Stellen des Bundes zuständig. Das sind Behörden, Organe der Rechtspflege und andere öffentlich-rechtlich organisierte Einrichtungen des Bundes, der bundesunmittelbaren Körperschaften, Anstalten und Stiftungen des öffentlichen Rechts (sowie deren Vereinigungen ungeachtet ihrer Rechtsform). Im nicht-öffentlichen Bereich ist die Bundesdatenschutzbeauftragte ausschließlich zuständig für Telekommunikations- und Postunternehmen. Der Datenschutzbeauftragte eines Bundeslandes ist damit betraut, die öffentlichen Stellen des Landes in Fragen des Datenschutzes zu überprüfen und zu beraten. Dazu zählen z.B. Behörden der Länder, Gemeinden, Gemeindeverbände sowie Hochschulen, Industrie- und Handelskammern. In den meisten Bundesländern ist er zugleich die zuständige Aufsichtsbehörde nach § 38 Abs. 6 BDSG über sog. nicht-öffentliche Stellen. Darunter sind insbesondere Wirtschaftsunternehmen, Vereine, Verbände und Parteien zu verstehen.

Die Verantwortung der Akteure

Die Verantwortung der Akteure leitet sich grundlegend von deren Aufgaben ab. Hier wird geklärt, welche Voraussetzungen erfüllt sein müssen, damit andere mit den Resultaten arbeiten können.

„Der Begriff der Verantwortung bezeichnet nach verbreiteter Auffassung die Zuschreibung einer Pflicht zu einer handelnden Person oder Personengruppe (Subjekt) gegenüber einer anderen Person oder Personengruppe (Objekt) aufgrund eines normativen Anspruchs, der durch eine Instanz eingefordert werden kann und vor dieser zu rechtfertigen (zu beantworten) ist. Handlungen und ihre Folgen können je nach gesellschaftlicher Praxis und Wertesystem für den Verantwortlichen zu Konsequenzen wie Lob und Tadel, Belohnung, Bestrafung oder Forderungen nach Ersatzleistungen führen. Die Beziehung (Relation) zwischen den beteiligten Akteuren knüpft am Ergebnis des Handelns an." [22]

Grundsätzlich wird Big Data vor allem aus der Perspektive des Datenschutzes diskutiert. Obwohl dies aus gesellschaftlicher Sicht äußerst relevant ist, zeigt es aber auch, dass urheberrechtliche, eigentumsrechtliche und haftungsrechtliche Überlegungen eine zentrale Rolle für den Einsatz von Big Data spielen müssen. Das Urheberrecht schützt geistige Schöpfungen, die über eine ausreichende Gestaltungshöhe verfügen (§ 2 Abs. 2 UrhG).

Daten erfüllen aber regelmäßig nicht die Voraussetzungen des § 2 Abs. 2 UrhG. Trotzdem muss das Urheberrechtsgesetz beim Umgang mit Daten beachtet werden. Daher kann der sogenannte Sui generis-Schutz für Datenbanken (§§ 87a UrhG) greifen.

Darüber hinaus können Urheberrechte bei der Auswertung nutzergenerierter Inhalte Dritter in sozialen Netzwerken dem Datenumgang entgegenstehen.

Jeder der im vorherigen Kapitel beschriebenen Akteure hat eine gewisse Verantwortung den anderen Akteuren gegenüber oder auch dem eigenen Unternehmen oder dem Staat gegenüber.

Datensammler sind rein von ihrem Aufgabengebiet dafür zuständig, bestimmte Daten zu suchen, zu finden und zu speichern. Im Grunde könnte man hier sagen, dass diese Akteure nur das sammeln, was Nutzer im Netz oder an anderen Stellen hinterlassen haben. Doch damit würde man die Verantwortung weitergeben an die Nutzer. Auch wenn die Datensammler nur das sammeln, was bereits preisgegeben wurde, so sollte das Sammeln nach festgelegten Regeln erfolgen, die unter anderem von den Datennutzern definiert werden. Nicht zuletzt sind Datensammler maßgeblich am Image von Firmen beteiligt. Werden zu viele Daten gesammelt und fehlt die Transparenz für den Umgang mit den gesammelten Daten, steigt die Skepsis bei den Nutzern, von denen die Daten erhoben wurden.

„Zur Erosion des Vertrauens mag beigetragen haben, dass öffentliche wie private Datensammler nicht nachlassen in ihrem Bemühen, sich möglichst umfangreiche Datenbestände zu beschaffen. 76% der Befragten finden, dass die Behörden ständig weitere persönliche Daten erheben wollen. 38% wurden aufgefordert, mehr persönliche Information als nötig anzugeben, um Zugang zu einem Online-Dienst zu erhalten oder diesen nutzen zu können, von diesen wiederum waren 73% sehr darüber beunruhigt." [18]

Nicht nur Festlegungen von Seiten der Datennutzer sind maßgeblich für den Datensammler. Auch Gesetzmäßigkeiten schränken die Möglichkeiten der Datensammler ein.

Das Image eines Datensammlers sich in den letzten Jahren stark verschlechtert nicht zuletzt durch diverse Skandale rund um Datenklau und Daten-Spionage.

Im Grunde kann man schlussfolgern, dass der Datensammler mit seiner Aufgabe auch eine Verantwortung für den sachgemäßen Umgang und die Sicherheit dieser Informationen übernimmt. Ebenso trägt er die Verantwortung, die Daten anderen Akteuren zum Beispiel den Datenwissenschaftlern so zur Verfügung zu stellen, dass sie analysierbar sind. Um dies umzusetzen, ist er aber auf die Hilfe anderer Akteure angewiesen.

In der Verantwortung der Technologiehersteller liegt es, Hardware und Software herzustellen, die die Sicherheit der gesammelten Daten gewährleistet. Natürlich gibt es weitere Verantwortungsbereiche für Technologiehersteller. Im Grunde will jeder Nutzer ein stabiles, sicheres und performantes System, dass leicht zu bedienen ist und den aktuellen Standards entspricht. Die Verantwortung des Technologieherstellers besteht darin, genau das umzusetzen und ein solches System zu liefern. Dabei sind die Standards eine wichtige Komponente, da diese meist nicht nur einen technischen sondern oft auch einen rechtlichen Hintergrund besitzen. So stehen gerade im Umgang mit Daten der Datenschutz und die Datensicherheit im Vordergrund. Diese müssen bei der Herstellung neuer Technologien berücksichtig werden.

Die Spezialisten, Aggregateure, Datenwissenschaftler und Daten-Infomediäre als auch Broker sind vorrangig mit der Verarbeitung der gesammelten Daten beauftragt. Deren Verantwortung besteht in der korrekten Verarbeitung aber auch bei der Wahrung des Datenschutzes. Bei der Verarbeitung haben sie eine Verantwortung dem Unternehmen bzw. dem Auftraggeber gegenüber. Hier muss gewährleistet sein, dass die Daten in korrekter, vollständiger Form analysiert und aufbereitet werden. Im Bereich Datenschutz muss gewährleistet sein, dass die Daten, die bearbeitet werden, nicht an Dritte weitergegeben werden. Weiterhin besteht eine Verantwortung gegenüber dem Gesetz, da bei der Verarbeitung Verordnungen und Gesetzmäßigkeiten berücksichtigt werden müssen. Auch hier spielt der Datenschutz wieder eine zentrale Rolle.

Die Regulatoren und im Speziellen die Datenschutzbeauftragten sind dafür zuständig zu kontrollieren, dass die gesetzlichen Vorgaben bei der Erfassung und Verarbeitung der Daten eingehalten werden. Deren Verantwortung liegt in der korrekten Umsetzung und eventuellen Bestrafung bei Fehlverhalten. Leider wird hier häufig noch nicht bestimmend genug agiert.

"Geltende Vorschriften werden regelmäßig nicht eingehalten, weder werden Verdächtige über Kontoabfragen informiert noch werden diese vorschriftsgemäß dokumentiert", kritisierte Wissing. Es werde "quasi im Graubereich von staatlicher Seite in persönlichen Daten geschnüffelt", so der Liberale. "Es wird immer noch als Kavaliersdelikt angesehen, wenn Finanzbehörden Kontoabfragen machen und diese nicht ordnungsgemäß dokumentieren." [19]

Wie in dem Zitat zu erkennen ist, setzen sich zum Teil sogar Behörden über geltendes Recht hinweg und häufig wird dies geduldet.

Letztlich hat jedoch der Datennutzer und auch derjenige, der seine Daten bereitstellt die größte Verantwortung. Hier ist für die Bereitsteller der Begriff Datensparsamkeit wichtig, denn es können nur die Daten gesammelt werden, die man selbst auch in irgendeiner Form preisgibt. Natürlich kommt man in einigen Fällen, wie bei Behörden nicht umhin, Daten anzugeben, aber man sollte wirklich nur das weitergeben, was auch wirklich notwendig ist.

Grundlegende Vorsichtsmaßnahmen bei der Internetnutzung gelten auch bei Sozialen Netzwerken zum Beispiel ein sicheres Passwort wählen und dieses regelmäßig ändern, sich ausloggen und private Daten löschen, wenn man einen öffentlichen Computer benutzt. Grundsätzlich lohnt es sich, sich mit den Datenschutz-Möglichkeiten des eigenen Rechners und Webbrowsers zu beschäftigen. Man hat also eine Verantwortung sich selbst gegenüber.

Datennutzer müssen konkret definieren, welchen Daten benötigt werden. Dabei muss das Bewusstsein für die rechtlichen Grundlagen und die Privatsphäre gegeben sein. Daten erlangen um jeden Preis kann nicht das Ziel sein. Dementsprechend hat der Datennutzer eine Verantwortung gegenüber den Personen, deren Daten er haben möchte und auch seinen Dienstleistern gegenüber, die ihm die Daten verschaffen sollen.

Zusammenfassend ist festzuhalten, dass die Verantwortung besonders im Bereich Datenschutz sehr hoch ist. Neben sicherer Technologie müssen die rechtlichen Rahmenbedingungen und Standards eingehalten werden. Bereits erhobene Daten müssen verantwortungsbewusst genutzt und sicher verarbeitet werden. Die Ergebnisse müssen korrekt und fundiert sein.

Die Werte der Akteure

„Werte bezeichnen im allgemeinen Sprachgebrauch als erstrebenswert oder moralisch gut betrachtete Eigenschaften bzw. Qualitäten, die Objekten, Ideen, praktischen bzw. sittlichen Idealen, Sachverhalten, Handlungsmustern, Charaktereigenschaften beigelegt werden." [23]

„Big Data besitzt nicht per se ein Wertsystem, welches über richtig und falsch entscheidet. (Davis 2012, S. 8-9) Ethische und moralische (Wert-)Vorstellungen sind den Menschen eigen und dazu im höchsten Grad individuell. Jede Person besitzt eine eigene Vorstellung davon, was ethisch vertretbar ist und was nicht. Technischen Anwendungen wie Big Data fehlen diese Wertvorstellungen. Big Data aber betrifft Menschen – und Menschen haben eine ziemlich genaue Vorstellung davon, was „richtig" und „falsch" ist." [24]

Also muss man, um Werte erkennen zu können, sich mit den Beweggründen der Akteure befassen.

Die Datensammler stehen in der Gesellschaft mittlerweile stark unter Beschuss. Grund hierfür sind nicht zuletzt die Skandale um Datenklau und Datenspionage. Doch das Datensammeln ist nicht grundlegend schlecht. Es ist die Grundlage für viele Analysen und Simulationen. Das Ziel der Datensammler ist so viele Daten wie möglich zu erhalten. Hier zählen die Quantität und die Qualität gleichfalls. Nur durch eine repräsentative Menge an Daten können aussagekräftige Analysen durchgeführt werden. Außerdem muss man bedenken, dass die Daten nicht nur für Echtzeitbetrachtungen gesammelt werden, denn es sollen damit auch Vorhersagen und Zukunftsprognosen erstellt werden. Daher ist es sinnvoller, mehr Daten zu haben als man für den Moment braucht, um später auch noch andere Auswertungen durchführen zu können.

Für die Akteure, die die Daten analysieren auswerten und verarbeiten ist die Arbeit der Datensammler der Grundstock. Die Datenwissenschaftler, Aggregateure und Spezialisten fügen die große Datenmenge zu einem verständlichen Ergebnis zusammen. Deren Aufgabe besteht darin, durch die Verarbeitung der Daten die Basis für eine Entscheidung zu legen. Aufgrund des Resultates ihrer Arbeit agieren die Datennutzer. Dabei kann es sich durchaus auch um große Auswirkungen handeln, die durch die Analysen ausgelöst werden.

Die Datennutzer sind schlussendlich die, die zentrale Motive haben, warum bestimmte Daten überhaupt erhoben und verarbeitet werden sollen. Auch hier gibt es durchaus edle Motive, sei es zur Verbrechensaufklärung und -bekämpfung, Verkehrsprognosen oder Grippenwellenvorhersagen. Die Ergebnisse bieten einen Mehrwert für die Gesellschaft und sollen auch helfen das Leben zu verbessern und/oder zu vereinfachen.

Auch auf Seiten der Datenschutzbeauftragten lassen sich die Werte deutlich aufzeigen, denn schließlich vertreten sie das Gesetz. Sie treten somit für die Persönlichkeitsrechte Dritter ein und schützen sie dort, wo sie sich zum Teil nicht selbst schützen können.

Zusammenfassend haben alle Akteure ähnliche Werte in Zusammenhang mit Big Data unabhängig, ob sie an der Umsetzung direkt oder indirekt beteiligt sind. Die nachfolgende Tabelle zeigt auf, welche Werte (Auswahl) der Akteure im Bereich Big Data vorrangig ausschlaggebend sind und enthält eine kurze Erläuterung dazu (siehe Tab. 1).

Werte	Erläuterung
Akzeptanz	Diese zielt besonders auf die Personen, die die Daten verarbeiten und deren Ergebnisse vom Auftraggeber akzeptiert werden muss. Weiterhin werden gerade Prognosen und Statistiken meist nur, dann akzeptiert, wenn eine umfangreiche und gute Datenbasis vorhanden ist.
Authentizität	Prognosen und Zukunftsergebnisse werden immer dann aussagekräftiger, wenn sie durch authentische Daten belegt werden können und nicht nur auf theoretischen Annahmen basieren.
Effizienz	Wenn Daten korrekt analysiert und eingesetzt werden, kann der Alltag effizienter und produktiver werden.
Genauigkeit	Die Genauigkeit der Daten sind wichtig, weil sie das Fundament für spätere Auswertungen sind. Somit muss dieser Wert besonders von Datensammlern genutzt werden. Aber auch alle Akteure, die die Daten verarbeiten, müssen bei der Verarbeitung Wert auf Genauigkeit legen.
Glaubwürdigkeit	Aufgrund von Datenerhebungen und Auswertungen aber auch mit Hilfe von Simulation mit realen Daten erlangen Analysen ein hohes Maß an Glaubwürdigkeit, weil sie belegbar sind und aufgrund der Daten nachvollziehbar.
Weitsicht	Die Erhebung und Verarbeitung von Daten über einen längeren Zeitraum fördert die Weitsicht für ein Problem bzw. eine Entscheidung. Man kann Trends erkennen und darauf reagieren. Auch für die Technologiehersteller ist dies wichtig, weil diese sich orientieren können, was in Zukunft in ihrem Sektor benötigt wird.
Transparenz	Daten aus allen Lebensbereichen machen Menschen einschätzbar. Das Wissen zu bestimmten Verhaltensweisen und Entscheidungswegen hilft, einzuschätzen, was in Zukunft passiert. In der Literatur spricht man auch häufig vom „gläsernen Menschen".
Verantwortung	Dieser Wert ist im Grund für alle Akteure relevant, da jeder, der Daten in irgendeiner Art nutzt, auch dafür verantwortlich ist, was damit geschieht.
Nachhaltigkeit	*„Nachhaltigkeit enthält in seiner Grundidee einen Nutzen für alle Beteiligten."* [25] Dies ist sicher eher ein Idealwert. Jedoch haben gesammelte Daten und deren sinnvolle Verarbeitung für eine Vielzahl an Akteuren Vorteile jetzt und in der Zukunft. So könnte zum Beispiel ein Unternehmen

	anhand von Big Data einen Trend erkennen für ein Produkt und so Marktführer werden.
Wirtschaftlichkeit	Wenn Unternehmen Daten in Auftrag geben, muss sich dies für sie natürlich auch lohnen und im Allgemeinen tut es sich das auch, da je nach Daten strategische Entscheidungen getroffen werden können, die sich auch unter anderem auf den kaufmännischen Bereich auswirken.
Kundenorientierung	Durch Big Data können Unternehmen ihr Angebot genauer auf den Kunden zuschneiden. Dies ist vorteilhaft für den Kunden, da dieser nicht mehr der kompletten Angebotsflut ausgesetzt ist.

Tab. 1: Werte der Akteure (Auswahl)

Die Konflikte der Akteure

Daten erheben um die Welt besser zu machen, ist ein schöner Gedanke. Leider bringt dies auch immer eine Schattenseite mit sich. Es gibt auch die Fälle, in denen das Sammeln und Verarbeiten von Daten ausgenutzt wird, um Menschen zu schaden.

Genau dies ist einer der größten Konflikt, den im Grunde alle Akteure von Big Data haben.

Viele Informationen aus dem privaten und beruflichen Umfeld lassen sich heute so einfach erfassen wie nie zuvor. Das macht verletzlich. Es entsteht der "gläserne Mensch".

Dank der Enthüllungen des ehemaligen Geheimdienstmitarbeiters Edward Snowden wurde bekannt, welche Massen an Telekommunikationsdaten alleine der US-Geheimdienst NSA weltweit speichert und ausliest. Daten zu besitzen, bedeutet Macht. Die Akteure, die bei der Datenerhebung und deren Analyse beteiligt sind, wissen auch nur Bruchteile davon, was schlussendlich einmal mit den Daten passiert.

Das Brisante an Big Data ist, dass sich die meisten Daten sich Personen zuordnen lassen selbst wenn ein Datensatz anonymisiert wurde. Oft genügen wenige Angaben wie Alter, Geschlecht und die Postleitzahl oder eine medizinische Diagnose, der behandelnde Arzt und der Wohnort. Durch eine Gerätekennung in Smartphones, Cookies und IP-Adressen wissen Geheimdienste und Unternehmen sehr genau, um wen es sich handelt.

Ein anderes Problem ist, dass die mithilfe vieler Daten getroffenen Prognosen für die Zukunft nicht stimmen müssen. Beispielsweise wird anhand von menschlichem Verhalten oder Kategorien wie Herkunft und Religion ermittelt, welche Person möglicherweise in Zukunft ein Verbrechen begehen wird. Mit der Hilfe von Datenbanken und diversen Quellen entscheiden Staaten, wer ins Land einreisen darf und wer nicht.

Datenschützer warnen eindringlich vor Missbrauch der Daten und Kontrollverlust, denn je nach Menge der gespeicherten Daten, macht das manipulierbar und erpressbar. Außerdem können Daten, die erhoben wurden, immer missbraucht oder gehackt werden. Im Grunde sind nur Daten, die nicht erhoben wurden, sind sicher.

Auch die Transparenz, die dank Big Data entstehen soll, ist einseitig. Für den, der die Daten erhebt, wird vieles sichtbar. Die Menschen, deren Daten gesammelt werden, fragt aber kaum jemand um Erlaubnis. Oft erfahren sie nichts davon.

Für die Akteure stellt sich daher immer die Frage, was mit den Daten und den aus ihnen resultierenden Analysen geschieht und inwieweit die Erhebung legal ist. Für die, die die Daten „zur Verfügung" stellen, ist das Konfliktpotential sogar noch höher. Einerseits heißt es, dass man so wenig wie möglich Daten angeben soll. Andererseits wird man von Behörden zu bestimmten Angaben gezwungen. So erheben beispielsweise Meldestellen viele Daten, die sie auch bereitwillig beinahe jedem nachgefragt werden können auch ohne Zustimmung der betreffenden Person.

„Einfache Melderegisterauskünfte wie Angaben zu Vor- und Familienname, Doktorgrad und gegenwärtige Anschrift, dürfen die Einwohnermeldeämter jedem mitteilen, der eine Anfrage stellt. Die Form der Auskunft ist gesetzlich nicht festgelegt. Sie kann vom Einwohnermeldeamt schriftlich, persönlich, seit einigen Jahren aber auch elektronisch über das Internet und ausnahmsweise auch telefonisch erteilt werden." [26]

Auch in Sozialen Netzwerken ist der Nutzer in einem Konflikt. Je nachdem, welche Daten veröffentlicht werden und wie die Einstellungen der Privatsphäre sind, können neben Personen aus dem privaten Umfeld auch andere aus dem Beruf darauf zugreifen. Es steht also immer der Konflikt nach der Frage: Welche Daten gibt man an?

Auch was die Analysen betreffen, ist derjenige, der die Daten gibt, in einer Zwickmühle. Gerade bei der Erhebung von Daten zur Verbrechensbekämpfung könnten sich Probleme ergeben, wenn man eben nicht ins Raster passt. Es könnten fälschliche Verdachte entstehen, gegen die ein Einzelner nur schwer ankämpfen kann.

„Neben einigen positiv zu bewertenden Aspekten wirft der Erfolg von Big Data neue Probleme für Bürger und Verbraucher auf. Wenn wir – oft ungefragt – zur Komponente in einem maschinenlesbaren System reduziert werden, dann beschneidet das zutiefst menschliche Werte wie Privatheit, kritische Meinungsbildung und den freien Willen.

Es bleibt aber auch die Aufgabe jedes Einzelnen, seine Daten wie ein wertvolles Gut für sich zu behalten anstatt sie jeder Seite und jedem Dienst zu übereignen. Jeder Nutzer sollte Auskunft darüber verlangen, wer seine Daten für welche Zwecke einsammeln und auswerten will. Das kann man heute oft nur mit Hilfsmitteln für den Browser oder eigens installierter Software tun bzw. indem man sich neuen Apps verweigert." [27]

Nutzen und Nachteile von Big Data	
Pro	Contra
• Kosteneinsparung in Geschäftsprozessen • Kosteneinsparung in der IT • Wettbewerbsvorteile • Mehr Umsatz durch Big-Data-bezogene Geschäftsmodelle	• Sicherheitsbedenken • Datenschutzbedenken • Technische Herausforderungen (Integration, Schnittstellen) • Operationale Risiken • Fehlende Relevanz für das eigene Geschäftsmodell • Zu geringe Datenvolumina vorhanden

Quelle: Big Data Analytics in Deutschland 2012, IDC/SAS Institute

Abb. 8 Nutzen und Nachteile von Big Data

Zusammenfassend kann man also feststellen, dass Konflikte auf beiden Seiten bestehen. Wenn man wie in Abb. 8 den Nutzen gegen die Nachteile gegenüber stellt, hat man schon den Eindruck, dass das Contra überwiegt. Dementsprechend stehen die Akteure auf beiden Seiten immer in einem Zwiespalt. Jedoch ist Big Data auch nicht mehr wegzudenken und der Agierungsbereich wächst. Somit ist es sinnvoller, eindeutige Regelungen zu treffen.

Handlungsalternativen und deren Folgen für die Akteure

Gerade in der heutigen Zeit, in der viele Daten über undurchsichtige Wege erhoben werden, ist es wichtig auf Transparenz zu setzen. Dies wäre eine Handlungsalternative. Wenn man sich nun vorstellt, dass man immer informiert wird, wenn Daten gespeichert werden, dann kann das in einigen Bereichen gerade für die Datensammler und schlussendlich für den Auftraggeber negativ sein.

Als Beispiel sei das Besucherverhalten von Webseiten genannt und damit die Fragen:

- Wer kommt von wo auf die Webseite?
- Welche Suchbegriffe werden eingegeben?
- Welche Punkte in der Navigation werden genutzt?

Prinzipiell ist dies für kleine Webseiten kein Hinderungsgrund. Aber wenn man Seitenbetreiber, wie Google denkt, wird das Ausmaß von mehr Transparenz schon eher sichtbar. Nutzer haben immer im Hinterkopf, dass die Daten gespeichert werden und handeln nicht mehr natürlich. Wenn man sich nun den Bereich Verbrechensbekämpfung ansieht, dann wird sich ein Verbrecher durchaus anders im Web verhalten, wenn er weiß, dass die Daten gespeichert werden. Die Transparenz, die man sich so sehr wünscht, wird dann auf Kosten anderer zum Teil auch positiver Eigenschaften von Big Data umgesetzt. Dann stellt sich aber auch die Frage, wie aussagekräftig bestimmte Daten gerade im Bereich Nutzerstatistiken usw. überhaupt noch sind.

Die Frage stellt sich auch, wenn man die Internetnutzer bzw. jede natürliche Person zu Datensparsamkeit erzieht. Im Hinblick auf den Missbrauch der Daten ist nachvollziehbar, dass viele Menschen die Angabe von Daten eher scheuen. Wer auf der sicheren Seite sein will, gibt dann auch nur das Nötigste an. Aber für die Akteure, die die Daten verarbeiten also Analysen und Statistiken erstellen, wird dies zum Problem. Folge der Datensparsamkeit ist auch, dass man weniger Daten hat, mit denen man Analysen und Prognosen erstellen kann. Eine Vorhersage mit einer Datenbasis von 10000 Datensätzen liefert natürlich eine wesentlich genauere Vorhersage als eine mit gerade mal 10 Datensätzen. Auch die Datenqualität leidet darunter, da es bei einem Datensatz zu viel mehr Leerfeldern kommt. Das bedeutet, wenn ein Nutzer beispielsweise in einem Formular immer nur die Felder ausfüllt, die als Pflicht deklariert sind, sind alle optionalen Felder frei und können später auch nicht für Auswertungen herangezogen werden.

Eine weitere Handlungsalternative ist der Ausbau der gesetzlichen Regelungen und Kontrollmechanismen. Dies schränkt natürlich die Erhebung der Daten ein und reduziert somit wiederum die Datenbasis für Analysen. Außerdem wird der Verwaltungsaufwand für die Datenschutzbeauftragten wesentlich höher. Die Folge wäre, dass man mehr Kontrollorgane benötigt und somit der finanzielle Aufwand für Unternehmen und den Staat steigt.

Weiterhin fordert ein höherer Datenschutz von den Technologieherstellern, dass sie das Hauptaugenmerk auf die Entwicklung sicherer Software legen. Hier stellt sich dann die Frage, ob dies nicht auf Kosten der Entwicklung neuer Erfassungs- und Analysetools geschieht.

Der Bereich Datenqualität wäre auch ein Punkt, den man verändern könnte. Bei der Erfassung der Daten sollte man sich auf das Wesentlichste beschränken. Das stärkt das Vertrauen in den, der die Daten bereitstellen soll und macht natürlich auch zielgenauere Auswertungen möglich.

„Im Durchschnitt glauben deutsche Unternehmen, dass 19% ihrer Daten fehlerhaft sind. Unter üblichen Datenfehlern leiden 91% der Unternehmen. 30% der Unternehmen managen Datenqualitätsprozesse zentral. 66% der Unternehmen fehlt ein zentralisierter Ansatz zur Verwaltung von Datenqualität.“ [28]

Auch das Zitat zeigt, dass selbst der Auftraggeber also schlussendlich der Datennutzer auf eine gute Datenqualität angewiesen ist.

Sampling – das Verwenden von Daten in neuen Kontexten – wird zum wichtigen Element der Datenanalyse und birgt gleichzeitig eine der größten Gefahren der falschen Interpretation der Daten. Denn Big Data ist nicht rein, generisch und allgemeingültig. Bereits in der Datenerzeugung können Ungleichgewichte entstanden oder spezielle Filter gesetzt worden sein. Die generierten Daten wurden von einem Menschen erzeugt, der Vorlieben hat, aber auch Interessen verfolgt. Big Data legt nur offen, was die Personen tun, aber nicht, warum sie es tun.

Zusammenfassen ist festzuhalten, dass es sicherlich einige Handlungsalternativen gibt, die bestimmten Akteuren Vorteile bringen. Jedoch muss man auch bedenken, dass man die Idee von Big Data nicht durch zu starke Auflagen und Einschränkungen zerstört. Verstärkte Kontrollmechanismen und genauere international gültige Gesetze besonders gegen Missbrauch von Daten können hier schon viel bewirken. Transparenz gegenüber den Datenbereitstellern, was mit den Daten geschieht, die man preisgibt, steigert das Vertrauen. Die Verbesserung der Datenqualität verschafft den Datennutzern eine gute Datenbasis und erleichtert die Arbeit derer, die die Daten verarbeiten.

Fazit

Big Data löst derzeit starke Diskussionen aus. Die Umstellung auf Big Data bringt enorme Herausforderungen mit sich. Dabei sind sowohl das Tempo der Datenerzeugung als auch die Mengen und Strukturen relevant. Den Unternehmen liegen die Daten zum größten Teil wenig bis weitestgehend unstrukturiert vor. Für die Lösung komplexer Aufgaben, für die vermeintlich zu viele Informationen zur Verfügung stehen, kann jeder, der diese Daten verarbeiten muss, an seine Grenzen kommen. In Big Data liegt hier großes Potenzial, das es zu erkennen und auszuschöpfen gilt, um die Entscheidungsqualität zu erhöhen. Fortschrittliche Visualisierungsformen können dazu beitragen, Big Data visuell so aufzubereiten und darzustellen, dass diese sowohl zu Analyse- als auch zu Präsentationszwecken entscheidungsunterstützend genutzt und in ihrer Komplexität beherrscht werden können. Gerade in der Analyse liegt hier enormes Potenzial, das man nutzen kann.

Eine große Aufgabe der nächsten Jahre wird es sein, kulturell akzeptierte Richtlinien im Umgang mit Big Data zu entwickeln, die sowohl die Interessen von Unternehmen vertreten als auch die Rechte der Person hinter den Daten schützen. Nicht nur die Quantität an Daten ist entscheidend, sondern auch die Qualität.

Zusammenfassend kann man sagen, Big Data birgt einerseits ein immenses positives Potenzial zur Erleichterung des Lebens in sich. Andererseits sind die Gefahren des Missbrauchs und damit die negativen Folgen der Nutzung von Big Data ebenfalls ständig virulent.

Ein verantwortungsvoller Umgang mit großen Datenmengen muss beide Seiten der Nutzung fokussieren. Dies gilt nicht nur für die eigene Verwendung der Daten, sondern auch für deren Weiterleitung und Übertragung.

Big Data ist aus der heutigen Welt nicht mehr wegzudenken. Somit stellt sich nicht mehr die Frage, ob Big Data gut oder schlecht ist. Viel wichtiger ist der Aspekt, wie man den Umgang mit Big Data für alle praktikabel machen kann.

Wir sind eine Informationsgesellschaft und die existiert nun mal aufgrund von Daten. Wenn man sich alle hier beschriebenen Aspekte genau durchdenkt, kommt man letztlich zu dem Schluss, dass die Vorteile von Big Data und der daraus resultierende Nutzen doch größer ist, als alle Nachteile und Probleme.

Quellen

Webseiten

[1] http://www-03.ibm.com/systems/hu/resources/the_real_word_use_of_big_data.pdf - S. 7ff

[3] http://de.wikipedia.org/wiki/Big_Data

[5] http://jensscholz.soup.io/tag/..%20rumphilosophieren

[6] https://www.datenschutzzentrum.de/bigdata/20130318-bigdata-und-datenschutz.pdf

[7] http://www.bfdi.bund.de/bfdi_wiki/index.php/4_BDSG

[8] http://www.gesetze-im-internet.de/bdsg_1990/__3.html

[9] http://dejure.org/gesetze/BDSG/4a.html

[10] http://www.gesetze-im-internet.de/bdsg_1990/__29.html

[11] http://www.bartsch-rechtsanwaelte.de/media/docs/JD/Big_Data.pdf - S.38

[12] http://www.cisco.com/web/DE/assets/executives/pdf/Unlocking_Value_in_Big_Data_Analytics.pdf -S. 12

[15] http://www.weltderfertigung.de/downloads/buch-big-data.pdf - S. 1

[19] http://www.liberale.de/content/viele-daten-bedeuten-grosse-verantwortung

[20] http://www.gesetze-im-internet.de/urhg/__2.html

[21] http://www.gesetze-im-internet.de/urhg/__87a.html

[22] http://de.wikipedia.org/wiki/Verantwortung

[23] http://de.wikipedia.org/wiki/Wertvorstellung

[24] https://aboutbigdata.wordpress.com/2014/04/05/big-data-ist-ethisch-neutral-big-data-anwendungen-sind-es-nicht/

[25] http://de.wikipedia.org/wiki/Nachhaltigkeit

[26] http://www.einwohnermeldeamt.com/

[27] https://www.lfm-nrw.de/fileadmin/lfm-nrw/nrw_digital/Publikationen/DK_Big_Data.pdf - S.38

[28] http://www.transparenz-schafft-handlungsalternativen.de/

[29] http://www.it-daily.net/studien/white-paper-zum-download/7086-big-data

Bücher

[2] Analytisches Customer Relationship Management (CRM) und Big Data – Autor: Georg Blum – S. 242

[4] Pragmatisches Denken und Lernen – Autor: Andrew Hunt – S.8ff

[13] Studienbrief IMG101 – S.24

[14] Studienbrief IMG101 – S.25

[16] Studienbrief IMG102 – S. 73

[17] Studienbrief SRK102 – S. 56

[18] Gesellschaftliche Verantwortung in der digital vernetzten Welt – Autoren: Peter Bittner, Stefan Hügel, Hans-Jörg Kreowski, Dietrich Meyer-Ebrecht, Britta Schinzel – S. 63

Abbildungsverzeichnis

Tabellenverzeichnis

Glossar

http://wirtschaftslexikon.gabler.de/

http://whatis.techtarget.com/

http://www.itwissen.info/

https://www.datenschutz-praxis.de

BEI GRIN MACHT SICH IHR WISSEN BEZAHLT

- Wir veröffentlichen Ihre Hausarbeit, Bachelor- und Masterarbeit

- Ihr eigenes eBook und Buch - weltweit in allen wichtigen Shops

- Verdienen Sie an jedem Verkauf

Jetzt bei www.GRIN.com hochladen und kostenlos publizieren